在長大路上 真正理解 自己與他人

第3集

打造自己的共好團隊

——幸福是與同伴一起變厲害！

齊藤徹 監修

何姵儀 譯

前言

人的煩惱源自於「人際關係」。

這本書可以讓大家學到「建立良好人際關係的技巧」。

讓我們試著想像一下只有自己一個人居住的地球。沒有人蓋房子，沒有人做衣服；沒有人煮飯，也沒有人送餐。這樣的話，我們這條命還能維持多久呢？人是無法單獨完成任何事情的生物，所以才會被稱為「社會性動物」。既然人與人之間的聯繫是生存所必須的，我們當然會想要追求「人際關係」，同時也會因為「人際關係」而煩惱。

這本書想要告訴大家的是「人與人連結」的技術，算是一種「生存的技巧」。想要闡述的不是「朋友越多越好」這類道德概念，而是在這個社會中如何做自己、過得幸福的人際關係智慧，並且透過穿插的具體場景，有系統地將其整理成「溝通技巧」。

這是為青春世代所寫的書。也是適合每個「大人」的溝通指南。

當你遇到困難時，希望這本書能溫柔地陪伴在你身旁。

市面上不乏為在職場奮鬥的大人量身打造的溝通書籍，但專為剛踏入社會、年紀不過十幾歲，卻懷著許多煩惱生活的青春世代所寫的溝通書籍並不多見。而這套書，正是為了貼近「小學高年級、國中生到高中生」的生活需求而設計的。這本書的內容可以伴隨我們成長，一直到成為大人，依舊受用。

就算長大成人，不，應該說直到人生終點，人際關係所帶來的煩惱恐怕是永無止境。正因如此，我們希望能製作一本即使你已成為大人，也能在感到困惑或遇到困難時，立即派上用場的終生讀物。製作團隊全體成員都懷抱著這份初衷來製作，並期許這本書能如同一位貼心的朋友，在你人生的每個階段，給予力量與啟發。

齊藤 徹

目錄

在長大路上，真正理解自己與他人

第3集 打造自己的共好團隊——幸福是與同伴一起變厲害！

CHAPTER 6

第6章 依照自我主軸生活

登場人物介紹

河野涼子

國中二年級，管樂社成員。認真有責任感，不擅長表達自己，也不善於依賴他人，但很會體諒別人，是大家心目中的「好人」。

村木悠太

國中二年級，田徑社成員。性格開朗，待人親切，但有時也會和朋友意見不合。學業和運動都表現平平，偶爾還會因為與他人比較而沮喪。

山岸卓

悠太的好友，田徑社。學業優秀還是社團的主力成員。有一點自私任性。

久保果步

涼子的好友，同班同學。了解涼子的弱點，還會提供幫助。

三浦治

班長，隸屬美術社。喜歡畫畫，將來想當漫畫家或插畫家。

吉田彩乃

班上的女生領袖，所有人都敬佩她。性格堅強，聲音洪亮，相當引人注目。

石倉葵

第二學期轉來的轉學生。性格內向文靜，已經慢慢地和同學打成一片。

鄉野孝志

個性直率，對於無法理解的事情會堅持己見。說話口氣較衝，容易與人發生衝突。

戶倉和司

國中一年級時被班上同學排擠，無法再去上學。現在就讀於體制外學校。

野口真太郎

總是笑容滿面，不管男女都處得來。不會發脾氣，以療癒系角色受到喜愛。

遠藤真由美

學校輔導員。在輔導處內傾聽學生的煩惱，並給予建議，深得學生的信賴。

CHAPTER

5

第5章

打造夢幻團隊的方法

你曾經當過團隊的領導者嗎？

當自己成為領導者，需要負責管理團隊時，可能會發現讓別人採取行動其實不太容易。既然這樣，就讓我們一起來思考如何發揮領導能力，建立一個讓每個人都能發揮專長的團隊吧！

這一章的內容很豐富，長大進入社會後也用得到喔。

無論你的心有多善良，
若是沒有付諸行動，
就無法好好地向對方傳達你的想法。

佛羅倫斯．南丁格爾（Florence Nightingale，護士）

5-1

大家都能感到安心的地方？

認識心理安全感

不知道戶倉現在在做什麼？
念小學的時候，我和戶倉偶爾會一起玩，他是一個開朗又不錯的傢伙。
可是從國一開始，戶倉就很少來學校。
聽說國一的時候他被班上其他男生排擠，說他「太自以為是」。
升上國二之後，戶倉就再也沒有來過教室。
聽說他正在體制外學校念書。
他若是沒事就好……只是我的心總有種刺痛的感覺……
要是國一我們同班，我是不是能為他做些什麼呢？

你所屬的群體或團隊氣氛如何呢？如果是一個舒適安心的地方，那一定很讓人開心，是吧？我們通常會說，這樣的群體或團隊具有高度「心理安全感」。接下來，就讓我們看看這是什麼意思吧。

只要團隊內部氣氛舒適，就能帶來卓越成果

是否有人「老是覺得班上氣氛不好」，或因為「太在意大家的反應而無法發表意見」呢？這有可能與你所在群體的「心理安全感」比較低有關。

心理安全感是指「在群體中無論說什麼或犯什麼錯，都不會擔心被責備或遭到否定」，即使展現真實的自我，也不會覺得自己會陷入被攻擊的危險之中。

整體氣氛如何？

霸凌和惡言相向

在一個有人被霸凌，或對不合群的人惡言相向的群體裡，你會因為不知道自己何時會成為下一個目標，而神經繃緊。

表達意見時常常遇到負面反應

提出意見時，總會被挑剔或嘲笑，變得不敢主動發言，容易盲目接受領導者或聲音大的人的意見。

過度的團結感

在團結感過度強烈的群體中，有時候會顧慮到「提出反對意見可能傷害到他人」或「這樣做可能會被孤立」而難以表達自己的想法，擔心自己會因此而遭到排擠。

互相漠不關心，視而不見

不太關心夥伴的事，即使有人遇到困難或感到痛苦也不會主動詢問，甚至視而不見，認為這「與我無關」。

心理安全感低的環境

心理安全感高的環境

可以感受到互相合作的氣氛

團隊中的每個人都樂意互相合作，不會只靠一個人努力，也不會把討厭的事情推給某個人。

有受人照顧的感覺

夥伴會關心你。無論遇到的事情有多困難，大家都會鼓勵你，並在你需要幫助時伸出援手。

你所身處的環境

可以隨意交談，心情放鬆

氣氛和樂融融，能跟大家輕鬆交談。可以討論嚴肅的話題，也可以閒聊，擁有一段放鬆的時光。

大家都願意聆聽你的想法

想表達意見，或討論心中困擾時，有人會認真聽你說，不用擔心會被嘲笑或輕視。

心理安全感的重要性，在二〇一〇年代後半開始受到商業界的關注。這是因為Google在二〇一二年開始進行為期四年的「亞里斯多德計畫」，研究過程中發現，在商業環境中取得高成效的團隊條件不是「成員能力高」或「領導者優秀」，而是「團隊內部狀況良好」。團隊內狀況良好，具體來說是指「不用害怕周圍的評價」、「可以安心發表意見」等狀況。因此，**建立一個心理安全感高又讓人感到舒適的團隊，在商業領域中，是一件非常重要的事。**

舒適的學校心理安全感高

心理安全感不只在商業環境中很重要，在學校裡也同樣不可或缺。

一個心理安全感高的團隊（例如班級或社團）能讓學生們安心自在，不用擔心遭受霸凌或攻擊。

即使失敗了，也不會被周圍的人嘲笑，更不需要在意他人的眼光。學生可以自由表達真實意見，並依照自己的方式在學校裡讀書與生活。

相反地，如果所處的環境讓人感到心理上的危險或不安，學生就會不敢好好表達意見，行動時也會因為在意他人的眼光，而動不動就感到壓力和疲憊，有些人甚至會覺得學校沒有自己的容身之處。因此，我們每個人都應該意識到，創造一個高心理安全感的環境，是非常重要的事。

若想營造一個舒適的環境

若想營造一個真正舒適的環境，我們每一個人都必須留意彼此的互動方式，特別是「不否定、不攻擊」這件事。

當有人提出意見時，如果馬上回應一句「不是那樣吧」或「你根本不懂察言觀色啦」，雖然話語可能只是脫口而出，但在對方聽來卻是一種否定與攻擊。長久下來，團隊裡的人便會因為擔心被批評而選擇沉默，不再願意把自己的想法分享出來。

甚至有些人自認為「我從不否定別人」，但其實仍會不經意地用語言傷人。舉例來說，當看到唯一沒有完成作業的人時，可能會直接說：「認真一點啦，只有你沒做喔！」這句話雖然是事實，但卻很容易讓對方感到羞愧與挫折，心裡浮現「自己很糟糕」的念頭，進而產生被否定的感受。

反之，如果能換一種方式表達，例如說：「下次要注意喔，你覺得要怎麼做才會比較好呢？」語氣中多了體諒與引導，對方的心情自然會放鬆許多，也更願意去思考改進的方法。

因此，真正重要的並不是單純傳達事實或責備對方，**而是懂得如何「輕輕地」把自己的感受和意見放在對方面前，讓對方有選擇接納與思考的空間，而不是感覺自己「被否定」。**唯有如此，團隊中的成員才會感受到彼此的尊重與理解。

當我們能夠接納不同的聲音，即使遇到失敗或錯誤也不急著責怪，而是一起找出解決辦法，團隊的氛圍才會逐漸放鬆。這樣的環境能讓每個人更自在地表達想法，也能激發出更多創意與合作的力量。

最終，這種「不否定、不攻擊」的互動模式，將會成為凝聚團隊向心力的重要基石。

如何打造心理安全感高的團隊

失敗的時候該怎麼辦？

當有人失敗時，一個會安慰並給予鼓勵的團隊，能讓人感到安心。但如果身處在一個充滿責備與嘆氣的環境之中，心情就會變得緊張。

總結

- 「心理安全感」高的團隊，容易創造優秀的成果。
- 不否定、不責備，團隊成員的心情才會放鬆。

意見不合的時候該怎麼辦？

意見不同是很正常的事，我們不應該否定或糾正對方，要在尊重的基礎上表達自己的意見（即自信表達）。否定對方人格的言論，可能會演變成互相謾罵，是非常不可取的行為。

5-2 突然當上領導者了！

領導者不一定要強勢

你是不是覺得能當領導者的，都是一些優秀又厲害的人呢？一想到如果自己是領導者，就感到不知所措？接下來，就讓我們一起來思考領導者究竟是怎樣的存在，以及應該抱持什麼樣的心態來應對。

領導者是很厲害的人嗎？

不論是在社團被選為社長，或是打工時成為排班領班，未來在學校或進入社會之後，我們都有機會被選為領導者。

領導者並不是特定的人才能擔任，坦白說，許多人都曾扮演過這個角色。

你是不是覺得「領導者要很有魄力，態度要很積極」、「要有魅力」呢？一般來說，成為領導者的人可能會被認為是「擁有特別能力」、「了不起」的人，但是能力若是太強，有時反而會讓大家過度依賴，或是只顧觀察領導者的臉色，而讓自己畏縮不前。由此看來，領導者不見得需要是個「很厲害的人」。

一個好的團隊，心理安全感通常是相當高的，是吧？為了打造這樣的團隊，**領導者適時地坦露自己的弱點也很重要。**只要傳達出「我也有不擅長的事情，所以大家一起互相幫助吧」、「失敗是成長的機會喔」這樣的訊息，成員的心情就能放鬆，進而發揮自己的特色，大放異彩，同時也會互助合作。

依賴他人的領導者也無妨

成為領導者後，若是擔心「自己可能沒有領導他人的能力」，其實有個好方法可以解決，那就是找一個看起來具有整合能力的人，邀請他擔任副領導者，一起分工合作。

分配適合團隊成員的角色並讓大家參與，本來就是領導者的工作之一，所以不需要把所有事情都往自己的身上扛。

被選為領導者，但卻沒有自信……

我能帶領大家往前走嗎？
這件事就由A同學來負責
為什麼是我？

既然如此，你會想成為一個強而有力、能帶領大家的領袖，還是一個選擇展現自己的弱點，以建立安全感的領袖呢？

好啊，歡迎隨時
詢問。
我想確認
這個部分。

容易商量，願意傾聽

遇到困難時，容易商量的領導者真的會讓人格外安心，是吧？因為認真傾聽他人說話，是件非常重要的事。

即使不是「很厲害的人」，也能帶領大家的領導者，是什麼樣子？

要不要一起
試試看呢？

不放棄任何人

有些人可能無法順利參與團隊活動，或者暫時沒有參與意願。即使如此，我們也不該輕易放棄他們，而是要將心中的期待與鼓勵傳達給他們知道。

懂得依靠大家

領導者不需要樣樣完美。自己能力做不到或不知道的事，就拜託大家幫忙吧。

不裝懂，也不逞強

了解自己「知道／不知道」，以及「能做／不能做」的事。裝作什麼都懂的人很快就會被識破，還會因此失去信用。

告訴大家「失敗也是財富」

要傳達「從失敗中學習」、「失敗為成功之母」等觀念，藉此鼓勵大家勇於挑戰。就算失敗，也絕不責怪。

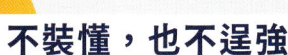

身為領導者要注意什麼？

不需追求完美主義

有時，如果領導者對成員也過度要求完美，反而會削弱大家的幹勁。而且太過講究細節的話，也可能讓整體效率降低。

不試圖控制別人

如果領導者試圖控制成員的想法與行動，那麼大家的自主性就會漸漸消失。

不過度追求一體感

過於追求一體感，會讓許多人感到拘束。最好展現出接納多元意見和想法的態度。

不找犯人

當團隊失敗時，千萬不要為了把責任推給某人而「找犯人」。如果把失敗當作「學習的機會」，就能促進團隊成長。

領導者的言行會影響團隊氣氛

領導者的言行舉止會深深影響團隊能力的發揮。如果領導者是完美主義者，要求大家必須達到與自己一樣的標準，團隊氣氛就會因此變得緊張。

或者當團隊失敗時，若是一味地找犯人，追究責任，大家就會因為不安，而不願進一步採取行動。

越是抱持著「領導者應該帶領大家」的想法，並且責任感強烈，覺得自己「必須盡到責任」的人，就越容易做出這樣的行為。

明明知道「高壓的領導者很討厭」，但是當自己成為領導者時，卻會因為過度緊張，而想要裝出比本性更加強勢的樣子。

好的領導者會創造大家的認同感，建立一種讓人在心理上感到安全的關係。

有責任感固然是好事，但要意識到**彼此是橫向關係，而不是上下關係。領導者並不是凌駕於成員之上，而是與成員平起平坐。**

總結

- 「厲害的人」未必適合當領導者。
- 要注意的是，領導者不應高高在上，而是要與大家並肩同行。

5-3 如何激發他人的幹勁？

提升關係的品質

當你成為領導者，處於整合團隊的立場時，
會深刻感受到，人並不會完全按照你的意願行事。
在這種情況之下，要如何讓人更有幹勁，起而力行呢？

想讓別人起身力行的時候

被委託指導晚輩工讀生……

打工領班 A 受託照顧新進的工讀生 B。店裡規定，工讀生上班的第一件事就是拖店內的地板。B 看起來也很認真地，但是……

人不會那麼輕易地採取行動

你是否曾因為希望某人能「振作起來」或「多做一點」，而要求他們改變態度或行為呢？特別是當成為團隊的領導者時，因為必須帶領大家，所以就會想制

發現 B 沒有做好的地方！

A 發現 B 拖地拖得不夠乾淨，垃圾也沒整理，所以認定 B 是一個「無法仔細工作、粗心大意的人」。

雖然提醒了，但是效果不大……

於是 A 叫住了 B，提醒他「做事不夠仔細」、「要多用心」。B 當下看起來好像有在反省，但之後依舊沒有什麼改進，還是拖得不夠乾淨。

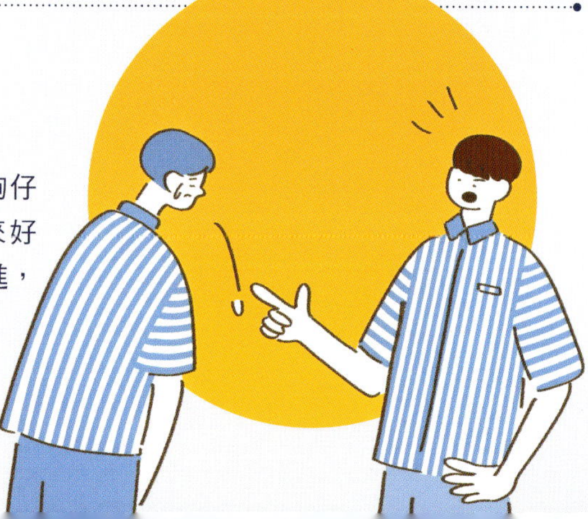

了解晚輩的理由之後……

困擾不已的 A 試著詢問 B 的狀況。仔細一問，才知道原來 B 排班的時段店員較少，經常要站收銀台，所以沒有時間好好拖地。站在 B 的立場考慮後，A 才察覺到他的辛苦。

考量情況，讓對方從容工作

了解 B 的理由後，A 調整了班表，確保任何時候，收銀台都至少有兩個人。同時，還對 B 說：「認真是你的優點，所以不需要慌，地慢慢拖就好。」於是 B 變得更加細心，A 也知道原來只要時間充裕，B 做事也會非常認真。

止不當的態度或行為。然而，光是提醒、命令，或是責備不好的行為，往往不會帶來好的結果。為什麼？

如果你站在相反的立場來看，應該就能理解了。我們不會因為對方是領導者，就想聽他的話吧？更何況對方還是在指正，說我們「方法不對，要這樣做比較好」。即使事實確實如此，也不會想輕易改變。

人這種生物，就算錯是在我，也會有自己的理由，基於本能自我保護，想合理化自己的言行舉止。就算指出錯誤或批評，對方也不會因此採取行動，有時反而還會導致反效果，在心理上產生隔閡，這一點要特別記住。

站在別人的立場，滿足對方的自尊心

那麼，當對成員有「希望這樣做」、「希望那樣做」等期許時，領導者該以什麼樣的方式來引導及溝通呢？

重要的有兩點。首先，是滿足對方的自尊心。不管是誰，受到他人感謝時，通常都會非常開心。而感受到自己的價值獲得承認的愉悅心情，就是自尊。因此，領導者要仔細觀察成員，最好能了解他們的優點及個性。同時，也要依照對方擅長的事情來請求，而不是專注在他不擅長的事情上。

第二，就是要站在對方的立場來看待。想想自己要拜託的事情，對對方來說是否也有好處（利益）。除了自己開心，拜託的內容和傳達的方式，也要讓對方感到高興。

與其「稱讚」不如「鼓勵」

「稱讚」有時難免會讓人覺得居高臨下，有上位者在評價下位者的感覺。阿爾弗雷德・阿德勒（第一集12頁）認為，在人的成長過程當中，「鼓勵」是很重要的。只要我們能：

- 傳達自己的感謝與喜悅
- 傳達行動的價值，而不是結果，同時容許失敗
- 找出行動中的優點，並加以傳達

就可以滿足對方的自尊心，建立良好的關係。

如何建立人際關係

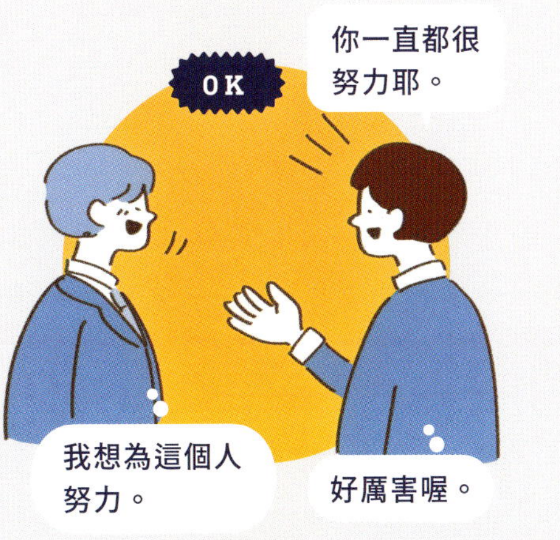
OK
你一直都很努力耶。
我想為這個人努力。
好厲害喔。

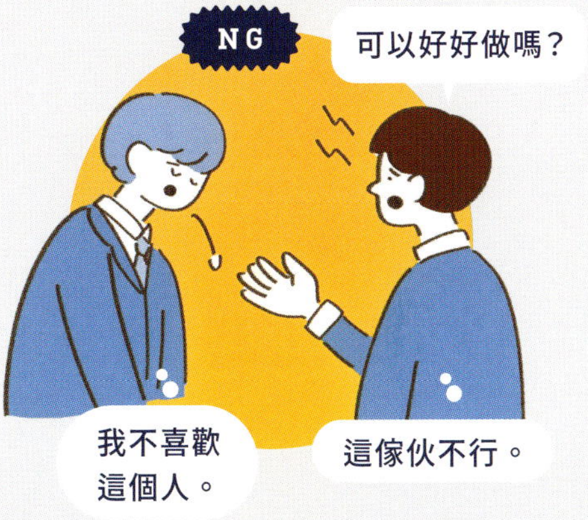
NG
可以好好做嗎？
我不喜歡這個人。
這傢伙不行。

如果沒有建立良好的關係，人就不會想要採取動作。因為人只會為相信自己可能性的人而行動。

關係性比傳達的內容還重要

「如果是那個人說的話，我願意相信並試試看。」「那個人說的話我完全不想聽。」你的身旁是否存在讓你有如此念頭的人呢？即使是相同的內容，人們通常會因為說的人不同，而有時能接受，有時不能接受。

也就是說，**想要讓人行動，與那個人的關係好壞，往往會比傳達的內容還重要**（因為建立關係需要時間，所以有時讓人行動並不是那麼容易）。

為了建立關係，領導者應該要注意什麼呢？

那就是發自內心相信對方的可能性，並且認同那個人的價值。即使對方現在沒有表現出理想的行動或態度，也要透過語言或行動告訴對方「你有這麼優秀的地方」或「你有可能性，所以不用擔心」。

因為只要有人認同自己，並給自己勇氣的話，人們就會更加積極行動。相信對方的可能性，並給予勇氣，是促使人採取行動的重要因素。

若受期待，人會成長

美國教育心理學家羅伯特・羅森塔爾（Robert Rosenthal）曾經做過這樣的實驗。當某所小學進行智力測驗之後，他隨機選擇了幾位學童，並對老師說：「這些孩子將來會有所成長。」8個月後再次進行智力測試時，被老師告知「會有所成長」的學童成績，果真有所進步。

這被稱為「畢馬龍效應（Pygmalion Effect）」或「教師期望效應」，也就是當有人懷抱著期望去接觸某個人時，對方也會感受到自己受到期待，在這種情況之下，往往能產生符合預期的好結果。

相反地，若對對方不抱任何期待，認為對方沒有前途時，結果就真的會如預期般糟糕，這稱為「格蘭效應（Golem Effect）」。可見，相信對方並與其互動，是一件非常重要的事。

總結

- 絕不批評，要多站在對方的立場來考量，並且滿足其自尊心，這點很重要。
- 只要持續相信對方的可能性，人就會有幹勁。

5-4

如何對團隊有所貢獻？

不是領導者也能做到的事

在團隊中，除了領導者之外，其他成員的態度也很重要。
那麼，身為團隊一員的你，覺得自己應該如何表現才好呢？

什麼樣的人會對團隊產生負面影響？

我們在5-2和5-3中已經說明了領導者的重要性，但不是領導者的人的態度，在團隊中也同樣重要。

在澳洲新南威爾斯大學所進行的「壞蘋果實驗」（The Bad Apple Experiment），讓演技不錯的學生尼克加入團隊，並且扮演三個可能會對團隊造成負面影響的角色，以調查這三種人會造成什麼影響：

①採取攻擊性和反抗態度的人
②不認真、只會偷懶的人
③只知抱怨、牢騷滿腹，態度消極的人

心理安全感的，能溫暖照耀團體的人

認真傾聽別人說話的人

無論是困擾、煩惱，還是瑣碎的閒聊，只要有人認真聆聽，就會讓人感到非常開心。

不管對誰都面帶笑容的人

成員若是看到笑容，就會產生一種「自己可以在這裡」的安心感。既然有笑容，當然就能營造出一個可以自由暢談的氣氛。

實驗結果顯示，**無論尼克扮演①~③中的哪一個角色，團隊表現都下降了30%到40%。**

也就是說，尼克所扮演的這三種類型的人，會降低大家的幹勁，扯團隊的後腿。

能夠營造是和太陽一樣

能夠創造心理安全感的，並非只是性格開朗的人，而是一個能不被現場氣氛影響，以自己的方式，順其自然採取行動的人。

能向領導者提出意見的人

領導者言行不當時，若有人能委婉地告知「改變說話方式，對方聽了會更開心」，與成員的關係就會改善。

不害怕提出不同意見的人

如果有人敢於表達與大多數意見不同的想法，大家就會感到安心，覺得自己不必勉強附和。

什麼樣的人能帶來心理安全感？

剛才的實驗中有一個例外。無論尼克怎麼努力演出，只有強納森所在的團隊表現沒有下降。每次尼克口出惡言，強納森就會身體前傾，以笑容回報。氣氛若是稍微緩和，強納森就會問些簡單的問題，熱心聽大家說話，讓現場氣氛變得更好。如此一來，團隊不僅再次重拾了活力，成員們也能非常積極地展開活動。

強納森並不是領導者。但是，他用行動告訴大家：「這裡是安全的地方，所以我們可以自由發言喔。」**當現場氣氛可能會讓人不安時，強納森有意識地採取了能帶來心理安全感的舉動。像這樣能顧及大家的心情，並且將其表現出來的人，你不覺得很棒嗎？**

即使不是領導者，我們也要竭盡所能，為團隊的氣氛做出貢獻。團隊中，這樣的人只要一多，大家就能安心地展現自我。

有職棒選手靠炒熱氣氛成功加薪！！！

前職業棒球運動員下山眞二在2005年效力於歐力士野牛隊時，曾經在板凳區大聲為隊友加油，並以「聲援番長」的角色，大大炒熱團隊的氣氛。據說他因為用嗓過度，聲帶甚至還長出了息肉。那一年簽訂年薪合約時，下山選手向球團要求「喊聲費」，沒想到竟然獲得許可，成功爭取到300萬日圓的加薪。當時的下山選手雖然不是每場比賽都能穩坐主力，但是對改善球隊氣圍的貢獻卻獲得了高度評價，是件值得稱道的事蹟。

讓我們一起來培養領導力吧

首先，試著思考一下領導力這個概念。所謂的領導力，是指：

- **建立關係，並對他人產生正面影響。**
- **深思熟慮後，做出決定並推動事情發展。**

這是身為領導者所需要的能力和意識。領導者是團體中的一個角色，基本上一個團隊只會有一個，但無論職位為何，任何人都可以展現領導能力。

即使不是領導者，現今社會仍然需要能夠展現領導力，並付諸行動的人。例如，過去只要依照社長或上司等領導者的決定行事，就能獲得成果，但是那樣的時代已經結束了。現代社會需要的，是即使並非領導者，也能自己思考、與同伴商量，並採取行動的人。

除了擔任班級幹部或社團社長等領導者角色之外，日常生活中，我們可能不會有太多發揮領導能力的機會。但是，在各種情況下思考「我能做些什麼？」「要怎麼做才能對團隊帶來正面影響？」之類的事情，應該是做得到的。只要不再依靠他人，開始把事情當作是自己的事來思考，便會開始慢慢培養領導能力。

此外，領導力對於充實自己的人生，也是必要的。我們適合從事什麼職業？要過著怎麼樣的生活才會幸福？現在應該為這些做什麼？這些問題雖然沒有標準答案，但要如何走過沒有標準答案的人生，能夠做決定的領導者，就是你自己。

領導者＝角色
一個團隊只有一個

領導力＝能力或意識
團隊中任何人都能發揮

具備領導才能的人，不僅在工作上會有所表現，在人生中也能深思熟慮，作出最佳決策。

關於這件事
我想了一下……
太好了。
工作
我要往這邊走！
人生

總結

- 即使不是領導者，也可以提升團隊的心理安全感。
- 任何人都需要領導力，就讓我們一起培養吧。

5-5 意見對立時該怎麼辦？

不要搞錯抗爭的對象

所以，
足球 13票
看電影 16票
躲避球 6票
撲克牌 2票
根據多數決的結果，下個月的學級活動時間將安排電影欣賞。
贏了！
耶！
太棒了
讚啦
要看什麼？
什麼，看電影啊！我想運動的說……
騷動
再投一次票啦！
如果把躲避球刪掉只留足球的話應該會上
騷動
好了好了，安靜——
你就認輸吧
我們班男生本來就比較少，不是嗎？
多數決到最後都會這樣……
做個決定還真是不容易呀……
騷動
騷動

在討論的過程中，意見分歧是常有的事。
遇到這種情況，該怎麼辦好呢？

意見對立時，先探求對方真意

在討論園遊會的班級擺攤時，出現以下兩種意見：

A・咖啡廳

B・鬼屋

接下來，如果立刻採取「進行多數決，決定班級擺攤要選哪一個」的做法，是否妥當呢？多數決雖然簡單明瞭，卻也是一種容易忽略其他意見的決定方式。若是出現A案14票、B案16票等些微差距的情況，將近一半的票數就有可能會被忽視。因此，在進行多數決之前，有必要充分討論。

在進行討論時，可以詢問提出意見，或者贊同該意見的人會這樣想的原因。

A：「我是烹飪社的，所以想做些原創點心。」

B：「鬼屋很經典啊！我想化鬼妝或變裝，讓客人嚇一跳。」

如果出現好幾個意見……

別急著採取多數決！

如果沒有經過充分討論就立刻進行多數決，大家通常不會對結果感到滿意。多數決應該在充分討論之後，仍無法確定大家都能接受時才進行。

創造令人信服的答案

重要的是尋找一個能夠令人滿意的方式，而不是判斷意見的好壞。只要這麼做，大家就會積極地提出有建設性的意見。

議題：園遊會的擺攤主題
月 日（
A 咖啡廳
B 鬼屋
鬼怪咖啡廳!!
這樣如何？
給希望的客人提供鬼妝服務如何？
準備恐怖漫畫讓人閱讀？
不錯耶
OK

聽取理由，探求意見的真意

只要詢問理由，就可以了解那個人的真正意圖。「想開咖啡廳」的理由可能有很多種，像是喜歡咖啡或紅茶、想穿可愛的制服等等，但這次真正的意圖是想要做點心。而提議舉辦「鬼屋」的真正原因，似乎是想要「化鬼妝或角色扮演」。

鬼屋不是經典嗎？我想化鬼妝或變裝，讓客人嚇一跳。
因為我很會做甜點，所以想和大家一起做些原創點心來賣。
為什麼想要這樣做？

以彼此都能接受的形式為目標

了解各自意見的真正意圖之後，**就一起來探索彼此都能接受的形式吧。**

以這次園遊會為例，如果能滿足A案「想製作原創點心」和B案「想化鬼怪妝或變裝」的意見（真意），那麼支持這兩個提案其中一個的人，應該都能接受「鬼怪咖啡廳」這個提案吧？

可見意見對立時，透過溝通了解彼此真正的想法，堅持不懈地找到雙方都能接受的妥協點，是很重要的。若是採用其中一方的意見而完全否決另一方，雖然受採用的這一方會很開心，但是遭到否決的這一方卻會在心中留下不滿的情緒。萬一之後人際關係因此變得緊張，那就不是一個好的決定。所以**在溝通的過程中，爭論「誰是對的」並分出勝負並不是一件好事。**

「我VS.你」不如「我們VS.課題」

假設你是足球社的成員，擔任防守位置。不過，你所屬的球隊由於攻擊型球員過於專注攻擊，而導致防守薄弱，所以非常容易失分。在重要比賽的一個月前，你下定決心向大家提出「希望攻擊組也能多參與防守」。然而，擔任隊長的攻擊型選手A卻說：「防守雖然重要，但不進球就贏不了。」你和A的意見產生了正面衝突。

「雙贏才成交，否則免談」的思考方式

雙方都受益、彼此也相當滿意的交易或關係稱為「雙贏（Win-Win）」。在人際關係中，通常會以追求雙贏為理想目標，因為持續一段讓其中一方因為失敗（Lose）而感到不滿的關係並不是一件好事。如果情況會演變成這樣，有時不做結論反而會比較好。這叫做「雙贏才成交，否則免談（Win-Win or No Deal）」。如果找不到雙贏的方法，那麼就不要勉強彼此，先將那件事情擱置一旁吧。

那下次
再麻煩你。
這次條件
不合呢。

你的意見是對的，A的意見也是對的。既然每個人看到的事物及思考方式都不同，對立的情況就難免會發生。在這種情況下，**我們應該要確認共同的目標。**你不想失分，而A想得分，不過你們兩個人的共同目標，應該是「在比賽中獲勝」。既然如此，在團隊裡就應該避免「我vs.A」的對立局面，而是要想起「我們vs.對手球隊」這件事。

確認共同目標之後，彼此之間就要坦誠交流。如此一來，不論是「遇到強勁的對手時，就要更努力防守」，還是「替換攻擊型成員，在下半場發動攻勢」，應該都能為了達成「共同目標＝在比賽中獲勝」而進行有意義的意見交換。當與同伴意見對立時，若能**跳脫「我vs.你」，將觀點轉向「我們vs.課題」**來思考的話，就能導出彼此都可以接受的答案。

總結

・詢問意見的背後理由，了解對方真正的意圖很重要。

・在團隊內要以「我們VS.課題」而不是「我VS.你」的觀點來思考。

當與同伴意見對立時

一直退守的話
就沒辦法攻擊
了呀！
好好防守呀！

確認共同目標

我們的意見難免會與同伴產生分歧。這時，與其彼此對立，不如統一觀點，確認雙方的共同目標。如果能用有建設性的態度，為解決課題同心協力，那會更好。

讓我們攜手
合作吧。
我們的敵人是
在這邊喔。
課題

5-6

如何提升團隊合作？

成功的合作方式

你怎麼沒有準備啊？
對不起，我還沒有整理好……
好啦好啦，冷靜一下。
綜合學習時間要準備小組報告
今天如果沒有整理好，放學後就要留下來耶！
對不起……
多田沒有把自己負責的資料整理好。
他應該也在煩惱要怎麼整理吧？而且我們也沒有主動確認呀……
結果放學後大家都留下來，終於把資料整理好了，不過……
我們都有好好做耶！真的不甘心。
不要再說了。
小組的氣氛糟糕透頂，就連發表也一塌糊塗。

不管是在學校還是出了社會，我們都會遇到與許多人一起合作的場面。
當我們要與他人合作，完成某件事情時，應該要注意哪些地方呢？

團隊合作時的重要事項

不管是在學校還是出了社會，我們都會與他人一起合作，完成某事。那麼，團隊合作時最重要的是什麼呢？我們在這一節為大家整理出來了，一起來看看吧。

「報、聯、商」是共同合作的基本

「報、聯、商」是由報告、聯絡、商量的第一個字所組成。報告是傳達工作狀況，聯絡是告知已經決定的事情，商量則是一起討論令人煩惱或感到困擾的事。

互相建立信任

確認目標（設定目標）

決定園遊會的班級目標，例如「大家一起努力」、「來客數第一名」等等。這樣在遇到困難或發生衝突時，反而能更容易做出判斷，是吧？因此，目標會是大家採取行動的指導方針。

分配角色

整理出該做的事，並決定由誰負責什麼工作。考量每個人擅長與不擅長的事，並詢問大家想做什麼，做出令人滿意的分工，這才是體貼的做法。

團隊合作重要的是

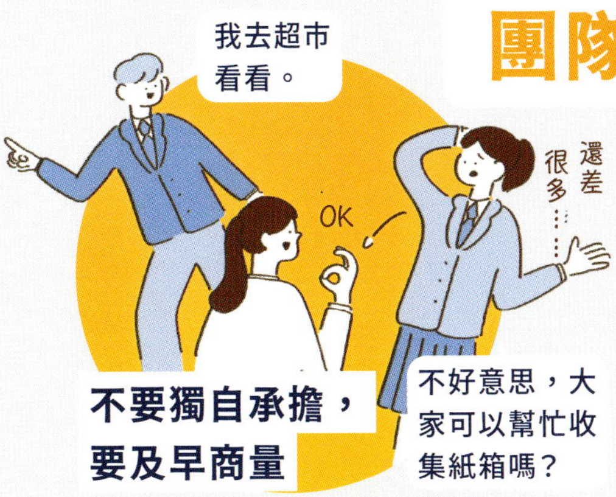
我去超市看看。
OK
還差很多……
不好意思，大家可以幫忙收集紙箱嗎？

不要獨自承擔，要及早商量

老是想著要「自己想辦法解決」而獨自承擔的話，問題就有可能會變更嚴重。若有煩惱，要及早與同伴分享，才能一起想出解決的方法。

工作進度表
菜單
服裝
佈置
支出
會計
當日
到星期五為止……

設定各項作業的截止日

若每個人都只按照自己的步調工作，容易配合困難。要以最終目標往回推算，決定各階段的截止日期，並考量作業份量和難度，針對各項目商討並設定合適的期限。

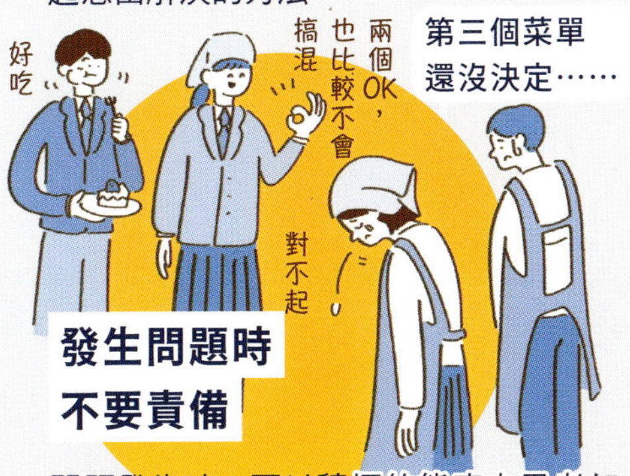
好吃
兩個OK，也比較不會搞混
第三個菜單還沒決定……
對不起

發生問題時不要責備

問題發生時，要以積極的態度去思考如何處理。追究「為什麼會這樣」或「是誰的錯」並沒有好處。有時，拋棄以往的成見也很重要。

服裝怎麼樣？沒問題吧？
嗯
我去採買回來了

不讓某人獨自承擔

為了在遇到困難時能集思廣益，最理想狀況就是由少數人組成的小組來負責。若只要單人就能負責的工作，大家也要互相關心，並主動告訴對方「有困難要說」。

多虧大家的合作，才能如此成功。可見互相關心與理解對方想法的態度很重要。
HORROR
CAFE

如果忘了報告或聯絡，就可能會給別人帶來麻煩或打亂計畫。如果有什麼需要傳達的事情，就應該要記下來或立即傳送訊息，不要只留在自己的腦子裡。

遇到煩惱或困難時，如果不找人商量，未來總有一天會出現問題，這樣不僅會對團隊造成困擾，說不定自己也會感到痛苦。不要因為「大家看起來都很忙……」而客氣，如同我們在4-3所讀到的，鼓起勇氣拜託別人會比較好。

有時，我們的心情會莫名地煩悶不安。在這種情況下，就找一個願意聽你訴說的人吧。**即使煩惱的內容不明確，也可以找人聊聊。**因為在談話的過程中，自己的煩惱有可能會變得清晰，解決方法說不定也會跟著浮現出來。

報告、聯絡、商量是工作的基本原則，也是非常重要的溝通方式。如果能夠善加利用，將來的你在社會上，一定也可以大放異彩！

除了自己負責的部分，其他地方也要留意

你參加過運動會的接力賽嗎？接力賽的關鍵並不只是個人速度，而在於「接棒」。只有當選手能穩穩地接過前一位隊友傳來的棒子，並且流暢地將它交到下一位手中，整個團隊才能保持節奏並爭取勝利。換句話說，就算自己跑得再快，如果交接的瞬間出了差錯，整場比賽也可能功虧一簣。這就是接力賽最耐人尋味的地方。

團隊合作其實就像一場接力賽。拿小組作業做簡報來說，通常會分成三個主要環節：調查、準備資料，以及最後的發表。每個人就像接力賽中的跑者，雖然各自負責不同的區段，但成果卻緊密相連。

想像你負責準備資料，即使你花了很多心力蒐集資訊，並整理出完整且詳細的資料，如果負責發表的人在台上講解時沒有掌握重點，結果仍然難以呈現一場精彩的簡報。換言之，單靠某一個環節的努力是無法帶來成功的。

因此，我們在分工合作時，一定要先明確決定並且分享「想要傳達的重點」。舉例來說，你可以和負責發表的同學討論：「要不要採用問答形式？」或者向負責調查的人提出建議：「如果能再找到某些數據，內容會更完整。」透過這樣的溝通，彼此不僅能避免落差，還能讓整份簡報更具一致性與吸引力。

這樣的團隊，一定能做出一場令人印象深刻的簡報。所以要記住，**團隊合作的核心並不只是「把自己那份工作做好」而已，更重要的是能與其他人保持交流與協調。**唯有在合作中彼此配合，才能像接力賽一樣，把棒子一棒接一棒地傳好，最終跑向屬於整個團隊的勝利

可以做得更好的團隊合作範例

什麼？
喔，好。
我的任務已經結束了
這個我已經完成了，
接下來交給你囉。

做好本分當然是好事，但如果沒有交換意見就貿然進行的話，有時反而會出現「不是這樣的啊」的落差。

好的團隊合作範例

除了自己份內的工作，還要一邊與周圍的人溝通，一邊進行，這樣大家就能在充分理解的情況下作業，有效避免不必要的誤差與誤解。

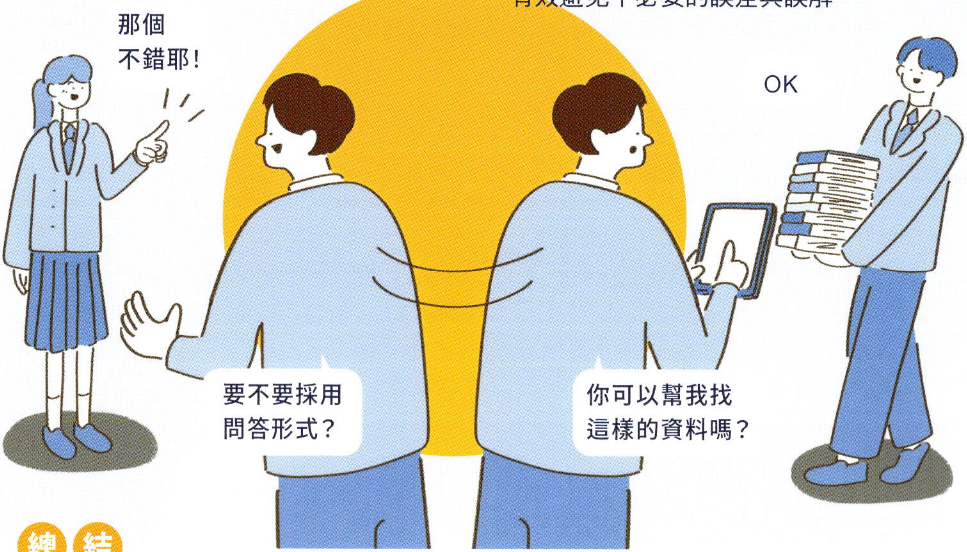
那個
不錯耶！
OK
要不要採用
問答形式？
你可以幫我找
這樣的資料嗎？

總結

- 盡量做到「報、聯、商」，不要獨自承擔問題或煩惱。
- 與負責自己任務周邊工作的人溝通，這點非常重要。

告訴我！
煩惱諮詢
#5

擔任社團社長後，我一直很努力地付出，卻總覺得大家好像越來越不喜歡我。看到大家悶悶不樂，我也很難過。

美國心理學家愛德華・L・德西（Edward L. Deci）教授曾經做過一個有趣的實驗。

他找了一群人來扮演老師（受試者＝實驗的對象），事先告訴他們問題的提示和解答，並將他們分成兩組。其中，只有一位扮演老師的受試者被特別告知：「身為老師，讓學生考高分是你的責任。」

結果發現，那些被施加壓力、要求讓學生考高分的老師，跟沒有被特別交代的老師相比，不僅說話的時間多了兩倍，「你應該要～」、「你必須～」這類命令式的語句多了三倍，就連管理學生的話也多了三倍。不用說，學生當然會感到厭煩，甚至失去了學習的動力。

你是否也和實驗中的老師一樣，不知不覺中一直對大家下命令呢？**責任感強烈的領導者，一旦抱持著「我們一定要展現成果才行」的心態行動，態度上就會變得非常強勢，愛管東管西。這樣反而會讓成員失去動力，導致整個團隊無法凝聚向心力，好好運作。**

其實，很多領導者都會陷入這種「責任感陷阱」之中。所以，我們不需要因為「我是領導者」，就刻意去扮演一個強勢的自己，而是要試著以最真實的自己，來與大家保持對等的關係。與其高高在上管理大家或發號施令，不如**像個同伴，陪伴並鼓勵他們，激發每個人的自主性。**

大人也不知道！？重要的事情

#5 你是否清楚自己一直在為什麼而努力？

就連大人，也常常搞不清楚目的和目標究竟有什麼差別，畢竟這兩個詞都有一個「目」字。

目的指的是最後想要達到的終點，而目標則是為了實現目的所設定的小指標。

若要達成「目的」這個大終點，就要設定一些小終點，也就是目標。[1]

因此，目標算是達成目的的手段。

然而，當我們談到手段和目的時，往往會犯下一個錯誤，那就是「手段目的化」。

手段目的化是指原本為了實現某個目的而選擇的手段，但到最後執行時，這個手段卻成了目的。舉例來說：

- **老師為了讓學生背熟英文單字**（目的），**而出了一個每個單字都要寫五遍的作業**（手段）。**結果有位學生單字測驗考了滿分，卻因為單字作業只寫了三遍而被罵**（這時候「寫五遍」反而成了目的）。
- **公司為了促進員工之間的交流**（目的），**決定每年舉辦一次員工旅遊**（手段），**但是許多員工卻要看旅遊地點好不好玩，才要決定是否參加**（這時候「員工旅遊」反而成了目的）。

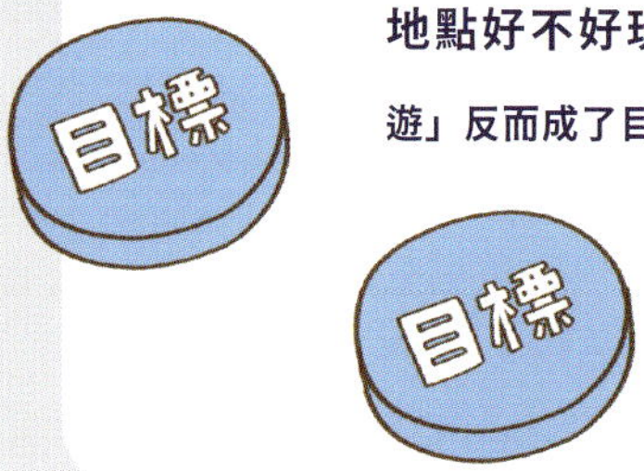

大人常常犯下手段目的化的毛病。若想避免這種情況發生，平時就要有意識地把目的放在心上。

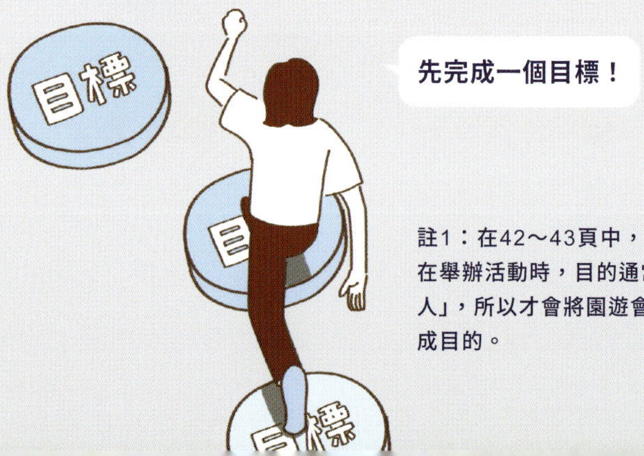

註1：在42～43頁中，設定的目標是園遊會。學校在舉辦活動時，目的通常是「培養一個能獨立自主的人」，所以才會將園遊會這個活動定為目標，以便達成目的。

CHAPTER

6

第6章

依照自我主軸生活

到目前為止，我們與大家分享了許多有關溝通及人際關係的重要事項。在最後一個章節，我們留下了許多能讓世界更美好，以及讓自己思考未來方向的小訣竅。相信學會了這些溝通技巧，你一定會更加相信自己的無限可能，活出精彩的人生！

如果你希望別人幸福，
請展現你的慈悲；
如果你希望自己快樂，
也要展現你的慈悲。

達賴喇嘛十四世（西藏佛教最高領袖）

6-1

無法表現自我？

「好人面具」與「逞強面具」

丟
天哪，好累喔。
河野，妳可以借我看一下筆記嗎？
喔，好啊。
那我來擦黑板吧。
剩下的我來收拾吧。
我老是在大家面前裝好人……
姊，吃飯了喔。
弟弟
囉唆，你走開啦！
砰
幹嘛發脾氣啊！
好可怕喔~
握拳
我根本就不是什麼好人……

你曾經被說「人很好」嗎？做個好人當然是一件很棒的事情，但現在的你，如果是在勉強自己扮演這個角色的話，那就要小心了。

你比較常戴哪一種面具呢？

逞強面具
好人面具
・想讓人覺得自己很能幹
・不想被認為是個沒有用的人
・想被認為是好人
・不想被認為是個討厭的人

希望在別人面前展現出更好的自己，這是許多人都會有的想法。因此，我們會根據自己在團體中想要呈現的形象，戴上不同的「面具」。一般來說，領導型的人通常會戴著逞強面具，而個性溫和的人，則是常常戴著好人面具。

「好人面具」與「逞強面具」

因為不想破壞現場氣氛（或是不想讓自己在團體中格格不入），所以即使抱持著反對的意見，也會順應大家的想法，不說出來。因為不想被對方討厭，所以即使有些勉強，也會答應別人的請託。

戴著這種「好人面具」的人，應該不少吧？這樣的人性格溫柔，懂得體貼他人，其實是很棒的人。但如果因此累積壓力而讓自己感到疲憊的話，那就不好了。

另外，也有人為了想被人依賴、想被認為是厲害的人，而戴上「逞強面具」，無法承認自己不知道或不懂，假裝自己很能幹。

想要積極地影響大家固然不錯，但是維護自尊的念頭若是太過強烈，就會因為無法依靠他人而感到痛苦或疲憊，這點要多加注意。

人為什麼要戴上面具？

我們剛出生的時候，根本就不會在意他人的眼光，活得很像自己。但是，長大成人之後，卻會開始戴上「好人面具」或「逞強面具」，在群體中隱藏真正的自我。為什麼會這樣呢？

根據哈佛大學商學院的艾德蒙森（Amy C. Edmondson）教授指出，**人們在團體中無法表現自我，是因為有下列四種不安：**

人際關係的四個不安

不想被評價為「老是否定」

不想因為反對而破壞人際關係。

不想被評價為「無知」

怕被笑說連這種事都不知道。

不想被評價為「破壞和諧」

不想只有自己特別顯眼而被排擠。

不想被評價為「無能」

怕被說連這麼簡單的事都做不到。

因為這些不安

↓

而戴上「好人面具」

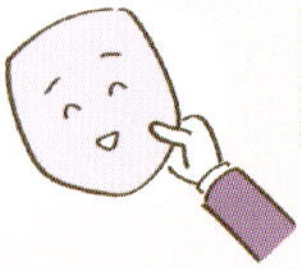

因為這些不安

↓

而戴上「逞強面具」

・被評價為無知者的不安
・被評價為無能者的不安
・被評價為老是否定者的不安
・被評價為破壞和諧者（礙事）的不安

我們難免會感覺到自己被他人評價。因為不想被認為是無知、無能的人，所以戴上「逞強面具」；因為不想被認為是否定、破壞和諧的人，所以戴上「好人面具」。

脫下面具，展現真實的自我需要勇氣。戴著「好人面具」的人需要有「被討厭的勇氣」，而戴著「逞強面具」的人則需要「展現弱點的勇氣」。

如果能擁有這些勇氣，或許就能脫下面具。說是這麼說，做起來其實並不容易。那我們該怎麼辦才好呢？

繼續看下去吧。

要平衡真實的自我與表面的自我

在陌生的地方或初次見面的人面前，能夠完全展現真實自我的人並不多，因此，**沒有戴過「好人面具」或「逞強面具」的人是不存在的。**

我們在與他人的關係中，往往會抱著「想得到認可」、「想得到稱讚」，以及「想保持良好關係」的念頭去行動。這種「表面的自我」，是為了與社會建立良好關係而塑造出來的。努力滿足他人的期望，通常也能促成自己的人格成長。

但是，如果可以的話，我們還是會想要展現真實的自我，不是嗎？

要一口氣脫下所有面具不容易。但如果慢慢來，應該就能鼓起勇氣，把面具摘下來。因此，我們要稍微展示出「真實的自己」，然後自信地告訴自己：「這樣就可以了。」

關鍵在於要一邊與自己對話，一邊在真實的自我和表面的自我之間取得平衡。

就算關心他人，也不要被牽著鼻子走，同時還要重視自己的感受和想法，這才是最重要的。

總結

- 我們每個人都會戴上「好人面具」或「逞強面具」。
- 要在「真實的自我」與「表面的自我」之間取得平衡。

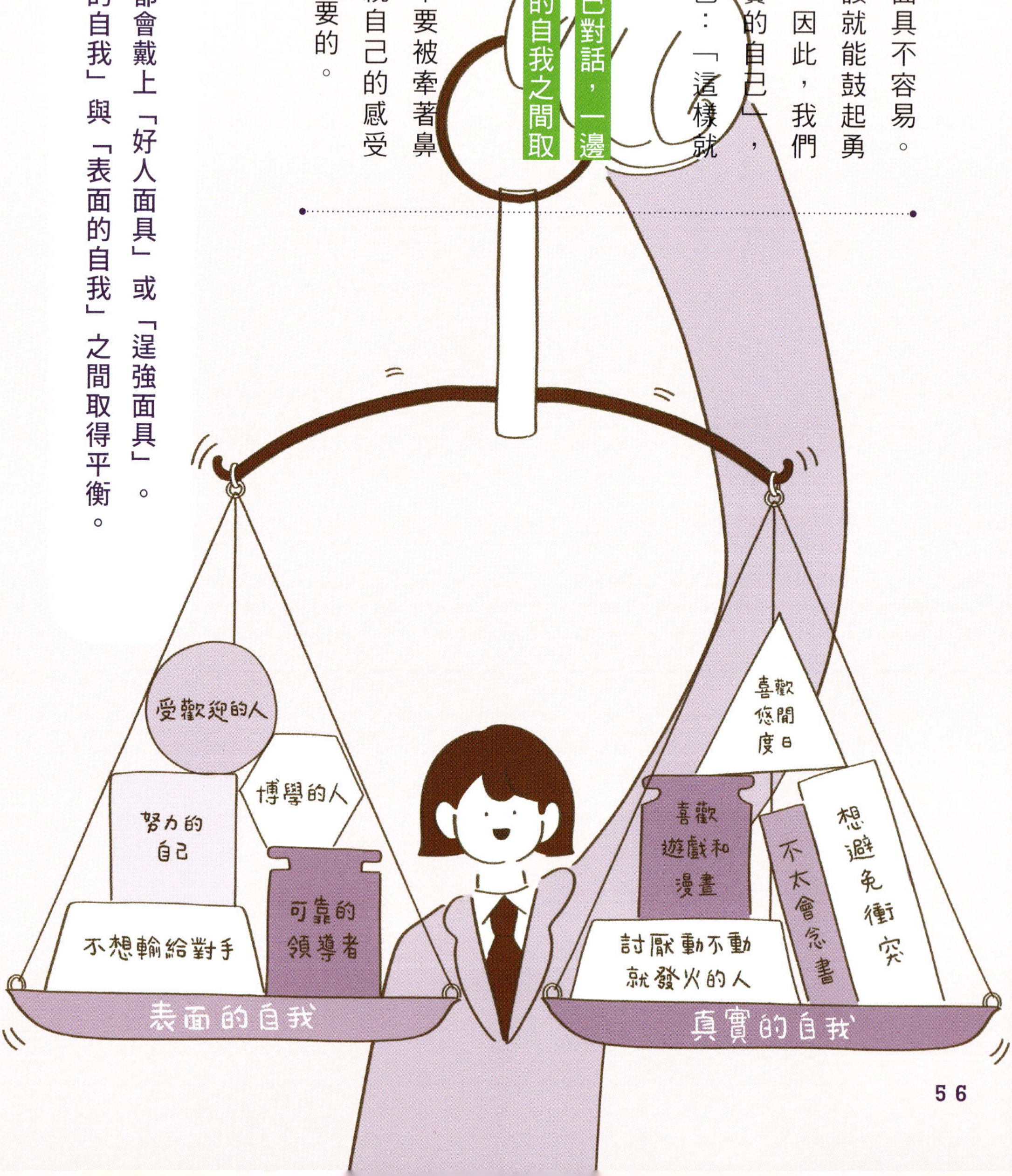
受歡迎的人
博學的人
努力的自己
可靠的領導者
不想輸給對手
表面的自我
喜歡悠閒度日
喜歡遊戲和漫畫
想避免衝突
不太會念書
討厭動不動就發火的人
真實的自我

6-2

你能活出真實的自我嗎？

自我主軸與他人主軸

我決定了。
嗯？決定什麼？
我要去考浦崎高中。
咦，浦崎高中不是公立的頂尖學校嗎？
浦崎高校的田徑隊很強，園遊會也很盛大隆重，而且那裡的學生都能考上不錯的大學。
參觀了學校之後，讓我更想去那裡了。
升學排行榜
○○大學 53名
△△大學 47名
□□□大學 26名
Festival
原來如此，加油！
嗯！
山岸有自己的想法真的很帥氣。像我就覺得隨便找個離家近的高中念就好了……
而且…
聽說浦崎高中的學生都很受歡迎。
我一定要在高中談一場美好的戀愛
這才是最大的原因吧！

我們一方面希望能夠活出自我，
但是另一方面，也會在意別人如何看待我們、對我們有什麼想法。
對你來說，以自我為主軸與以他人為主軸，哪一種生活方式比較容易呢？

你比較偏向哪一邊呢？是自我主軸，還是他人主軸？

當你採取某個行動時，若是以「自己想要怎麼做」為基準，就代表你是以自我為主軸在生活；如果是以「別人會怎麼想」為基準，就代表你是以他人為主軸在生活。

舉例來說，當談論自己喜歡的事物時，注重自我主軸的人會充滿自信地說「我喜歡這個」，而注重他人主軸的人則會想「如果我說喜歡這個的話，大家會怎麼想呢？」

在做決定時，重視自我主軸的人會以「自己想不想做、對自己來說是不是必要的事」來判斷，但是重視他人主軸的人則會考慮「周圍的人會怎麼想」、「大家會希望我怎麼做」。其實，這兩種方式並沒有絕對的對錯，而是展現出一個人看待世界與自我定位的不同角度。

重視他人主軸的生活方式並不是不好。畢竟能夠想到他人、願意為別人努力，是一種溫柔與體貼，也常能讓關係更和諧。然而，如果長期忽視自我，可能會出現壓抑、委屈，甚至迷失自我的狀況。**這樣的生活如果讓你感到疲憊，那就更應該多注重以自我為主軸的生活方式。**以自我為主軸生活的人，能清楚自己的需求與界線，不容易因外界眼光而動搖，但也可能被認為過於自我中心。

最理想的狀態，是能在兩者之間找到平衡：在需要時堅持自我，在適合時顧及他人。

重視自我主軸的人

重視自己「想做的事」

清楚了解自己想做及喜歡的事，並且誠實地跟隨自己的心意行動。

重視自己的價值觀

按照自己的價值觀和信念生活，也相當重視自己的堅持。

不會太在意他人的眼光

不太在意自己做了某件事後，別人會怎麼看待自己。

以自我為主軸的人與自我中心的人有何差異

無論是以自我為主軸的人，還是自我中心的人（任性的人），在誠實面對自己「想要這麼做」的想法上是相同的。兩者的決定性差異，在於能否區分自己與他人。

以自我為主軸的人，會認為「自己和他人是不同的（別人未必會配合自己的想法）」，但是自我中心的人卻會認為「別人應該為了自己而行動（可以自由操控他人）」。

重視自我主軸的人

相當重視「正確與否」

會思考這樣的行為在社會上是否正確，是否有意義，然後再採取行動。

迎合社會的價值觀

會察覺周圍的想法並且配合行動。不會堅持己見，而是懂得靈活應對。

想得到他人評價

覺得幫助他人是一種喜悅。很重視他人如何看待自己。

重要的選擇不要交給他人決定

有人會因為父母的期待而打算考明星學校，或認為繼承家業是理所當然的事，在面對升學或就業的選擇時，會在不考慮自己意願的情況下做決定。

每個家庭情況應該各有不同，但是如果把人生重要的選擇交給他人決定，當事情不順利時，就會找藉口說「這不是我選擇的路」，或是後悔「當初自己為什麼不好好想一想」。那樣的人生，應該沒有人想過吧？因此，不論是升學還是就業，只要是對人生有重大影響的事，都希望大家能夠以自己的想法和興趣來決定。

察覺那些束縛自己的「必做」之事

無論是父母、老師等大人，還是學長姐、學弟妹與同學，我們都會在意他人，於他人的影響之下生活。「考試要考好成績（因為想被父母稱讚）」、「就算討厭也要忍下去（因為半途而廢可能會被罵）」、「不可以反駁學長姐的話（因為有這樣的規定，而且不想讓自己特別顯眼）」，這些都是以他人為主軸的想法。如果老是為了得到稱讚、為了保持良好關係，以及為了避免失敗，而採取各種行動，就會感覺自己無法掌控人生，因此感到疲憊。

重要的是要察覺到那些會束縛自己的「必須做～」、「應該做～」、「不可以做～」的念頭。並且尊重自己原本的感受，傾聽自己「想做～」或「不想做～」的心聲。如此一來，才能重新拿回人生的自我掌控權。

學會與認同需求和平相處

想被需要、被關注、被重視、不想被討厭，這些「想被他人認同」的心情，我們稱之為認同需求。

無論是為了被大家認同為正選成員而在社團中奮鬥，還是為了讓人認同自己的努力而拼命工作，都是源於認同需求。如果能與認同需求好好相處，它就能成為推動自己的巨大動力，並成為成長的燃料。

能與認同需求好好相處的人是……

我要讓學長和教練認同我！
・在做喜歡的事情
・會意識到自己的成長

會被認同需求牽著鼻子走的人是……

SNS 的文都沒有人回應……
・不是因為喜歡才做的
・受他人認同本身就是目的
19:09

認同需求人人都有，但是我們無法控制他人的情感。若是以「想被認同」為目的，那麼就會因為無法靠自己的力量達成，而感到疲憊。

另一方面，認同需求也有可能會讓人感到心力交瘁。例如，在社群媒體上發文卻沒有人回應時，就會不安地想「是不是沒有人需要自己？」這是其中一個狀況。此外，努力付出如果得不到旁人的讚美，幹勁也會隨之下降。

認同需求人人都有。但是，即使極度在意他人評價，並將其視為自我價值，這些**來自他人的評價也不會完全如自己所願。**理解這一點之後，希望大家能好好地與自己的認同需求共處，不要被別人的評價牽著鼻子走。

總結

- 在自我主軸與他人主軸之間保持平衡很重要。
- 與認同需求巧妙相處，不要被牽著鼻子走。

6-3

接納自己

什麼是自我肯定感？

妳應該是一直在大家面前當好人，所以累了。
之前被選為社團小組長時，曾經找老師聊聊，之後偶爾還是會到輔導處坐坐。
對……
與社團的學長姐相比，我覺得自己似乎沒有好好扮演領導者這個角色……
河野同學對自己很嚴格耶。
啊……是這樣嗎？
雖然還不習慣，但妳一直很努力地在領導大家，不是嗎？
不要老是想著「如果是學長姐的話」，如果要比較，那就和過去的自己比較吧。
過去的自己……
對人和善、溫柔，是好事喔。
是……
但如果累了，就告訴自己「當好人」這件事先擱著。
不用擔心，不會有人討厭妳的。
妳已經很努力了，所以不要責備自己，要多稱讚自己。
是……
多虧了遠藤老師，我的心情稍微輕鬆了一些，也稱讚了努力到現在的自己。

讓我們來探討對自己來說非常重要的情感——「自我肯定感」。
只要提高自我肯定感，生活就會更輕鬆。

自我肯定感低的人會……

在意他人的評價

因為沒有自信，習慣把自己的價值交給他人評價，所以內心容易充滿不安。

總是拿自己和他人比較

會對比自己差的人有優越感，如果有人比自己厲害，就會認為「那個人都做得到，為什麼我會做不到」而陷入自我厭惡之中。

無法認同自己

即使受到周圍高度評價，也常過度謙虛地說「哪裡哪裡」、「我還差得遠呢」。

為什麼日本人的自我肯定感不太高？

你曾經看過與「日本人自我肯定感較低」相關的新聞報導嗎？

所謂的自我肯定感，是指「接受真實的自我，並相信自己有潛力的感覺」。

根據內閣府發表的二〇一八年度版《兒童・青少年白皮書》，在「對自己本身感到滿意」這個項目中，回答「我是這麼想的」和「算是這麼想的」的日本年輕人（13～29歲）僅有45.1%，在包含美國、英國、德國、法國、瑞典和韓國在內的七個國

自我肯定感高的人會……

相信自己的可能性

能毫不遲疑地相信自己的可能性。即使沒有明確的根據，也會覺得「自己做得到」、「沒問題的」。

認為大部分的困難都能克服

即使眼前出現困難，也會一邊鼓勵自己，一邊著手行動，找出解決方案。因為「自己做得到」的自信，就是力量的來源。

能夠樂觀看待事物

總是抱持著「失敗也沒關係」的樂觀心態。對於沒有人做過的事情，有著想要開心嘗試的挑戰精神。

家中排名最低，其他國家都有70%至80%，與日本差距甚大。

日本人的能力明明不比其他國家遜色，但他們為什麼無法對自己的表現感到滿意呢？

其背後的原因，或許與日本人特有的「認真」有關。

日本人非常遵守紀律，電車一定會準時行駛（其他國家經常誤點），商店和飯店的服務也相當周到。

他們對於生活中所要求的「理所當然」標準很高，或許正是這個原因，日本人才會對自我要求如此嚴格，認為「這個跟那個都要做到才行」、「無法喜歡做不到這種事的自己」。

就算沒有條件或依據，也要相信自己的可能性

我們在5-3中曾經提到，只要相信對方的可能性，並給予鼓勵，對方在行動時，態度就會變得積極。能夠對自己做到這一點的人，就是一個擁有高度自我肯定感的人。**因為他們相信自己的各種可能性，當痛苦或遇到困難時，會好好鼓勵自己、激勵自己。所以懂得自我鼓勵的人，不論做什麼事都會比較順利。**

或許有人會想：話是這麼說沒錯，但是自己原本就有很多事做不到，對於別人的事也幫不了什麼忙，這樣還能相信自己有可能性嗎？如果以「因為會做某事」或「因為有助於他人」之類的附帶條件來肯定自己，那麼

「你對自己滿意嗎？」比較日本與各國……

右邊的圖表顯示了，在自我形象中，針對「對自己本身感到滿意」這個問題，回答「同意」或「算是同意」的人數比例。相較於將謙虛和低調視為美德的日本人，韓國及歐美國家不少人認為積極和勇於表達自我才是優點，所以才會產生這樣的差異。

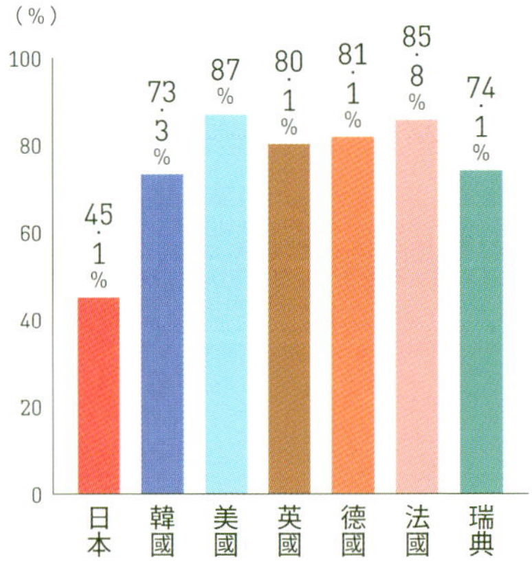

出處：2018年度《關於我國與其他國家青少年意識之調查報告》（13至29歲）。

一旦脫離了這些條件，就會無法認同自己。此外，我們還會為了不脫離這些條件，而與他人比較，或勉強自己。

認同自己、相信自己的可能性，不需要條件或依據。可能性所指的，並不是自己「現在的能力」，而是「未來的能力」。即使現在有做不到的事情，只要相信自己「總有一天會做到」並付諸行動，就能提升自我肯定感，進而讓自己大幅成長。

做自己的好朋友吧

當你的朋友準備挑戰某件事時，你會對他說：「這可能行不通喔！」嗎？當朋友用功念書，而且考試成績也不錯時，你會對他說：「某某同學的分數比你高喔！」嗎？這麼說不僅會傷害到對方，還會被對方討厭，所以我們通常是不會說出口的，是吧？

但是，人最奇妙的地方，就是會對自己說這些話。不知為什麼，我們總是會對自己講出一些嚴厲的話。所以，當你在自責時，不妨試著問問自己：「我對朋友說得出這句話嗎？」這樣應該就會讓自己回過神來。

最靠近自己，總是陪伴在旁的，正是我們自己。因此，我們要做自己最好的朋友。

與其注意自己做不到的事，並因此責備自己，不如留意自己能做到的事，並且好好稱讚自己，這樣生活應該就會更有動力。

成為自己的好朋友吧

OK
好，加油
無心之過，誰都會有，下次小心一點就好了。
每天早起已經很厲害了，而且妳今天還運動了30分鐘呢！
NG
你又犯錯了，真的很沒用耶。
呼～
好難過……
如果是○○同學，是不會犯這種錯誤的。

自我肯定感低的人，常會責備自己。一旦失敗，就會不自覺說出全盤否定自己存在價值的話。而自我肯定感高的人，則只會反省失敗的部分。若要提高自我肯定感，就要找到自己做得到的事。就算降低門檻也沒關係，就讓我們好好讚美一下自己做到的事吧。

總結

- 可以無條件地相信自己的可能性。
- 最接近自己的朋友就是自己。

自我肯定感與認同需求的差異

自我肯定感是自己認同自己的感受，而認同需求則是希望他人認同自己的心情，兩者剛好相反。以前的社會，存在一種被大家普遍認可的「人生範本」，像是工作、結婚……等等。但是現在，生活方式變得越來越多元，這種固定的「範本」也逐漸在消失。由此可見，自我肯定感在未來的時代一定會變得更加重要。

6-4

如何相互認同彼此差異？

從眾壓力與推動多元性之間的關係

糟糕！補習要遲到了
咦？
喔，是戶倉！
所以說～那是小德的錯啦。
才不是我呢，是阿健吧。
不不不
哈哈哈
看到戶倉和同伴開心地聊天，我也鬆了一口氣
那是體制外學校的朋友嗎？
即使沒有來學校，只要有地方能讓他開心地待在那裡就好了。
有那樣的夥伴，其實讓人蠻羨慕的呢！
打擾他們不好，我繞路好了。

我們常聽人家說要「尊重多元性」、「建立多元化社會」。
話是這麼說沒錯，但實現並不是那麼容易。到底多元性是什麼？
妨礙它的因素有哪些？接下來就讓我們好好學習吧。

從眾壓力的例子

令人窒息的從眾壓力是什麼？

日本常被認為是一個同質性很高的社會。雖然各地區稍有差異，但外貌、語言、文化等特徵相似的人們會聚集在一起。在這樣的

只有那個人不一樣，不公平！

當你做出與眾不同的事情時，有些人會說這「不公平」或「很奇怪」。人們無意識地揮舞著毫無根據的正義，有時會是從眾壓力產生的原因之一。

那就配合大家，盡量不要引人注意吧

有些人明明意見和大家不同，卻因為「不想太過突出而選擇不說」。這樣的人要是一多，整個氣氛就會讓人覺得「發表不同意見是壞事」。

月 日（ ）
議題：班級活動
・足球
・籃球
還有沒有其他的～
如果沒有其他意見，就這兩個來決定喔。
我不太想動，地板滾球類的遊戲怎麼樣？但提出來好像會太顯眼，還是算了。

提案的是班上的主導人物，我們就聽他的吧。

既然和大家不一樣，那就排擠吧

有些人會因為氣氛不合、意見不同等理由排擠別人，做出傷害別人的言行。因為害怕受傷，所以每個人都會順應他人，跟著行動。

社會中，特立獨行的人容易變得顯眼，因此會有一股力量，試圖將他們拉回「和大家一樣」的正軌。

「從眾壓力」指的是一種瀰漫在團體中的氛圍，儘管沒有法律明文規定，大家卻會默默遵守，並試圖將與眾不同的人拉回「和大家一樣」的軌道。

學校普遍是個同質性很高的地方，聚集了生活地區、年齡相近的學生。有些學校會以維護紀律及風氣為由，限制學生的私人物品和服裝自由，這無疑會讓許多人感受到自己被強烈要求「和大家一樣」。想像一下，你的物品雖然沒有違反校規，但在設計上卻和學校規定的樣式有些微不同。當班上大多數同學都用著一樣的物品時，如果有人對你說：「你的跟大家的不一樣，這樣可以嗎？」你會怎麼回答？有些人會堂堂正正地回答：「嗯，這樣很好啊！」也有人會因為感到不自在，所以考慮「下次要和大家用一樣的」。而看到這種情況的其他人，也可能會想：「為了不被人家指指點點，我還是跟大家一樣好了，免得被說。」這樣的事情要是日積月累，從眾壓力就會越來越大。

阿希從眾實驗

美國社會心理學家所羅門・阿希（Solomon Eliot Asch）曾進行了一項著名的實驗。他向數名受試者提出了幾個不可能答錯的簡單問題，但事實上，除了真正的受試者（被實驗的人）之外，現場其他人都是實驗的協助者，他們故意說謊答錯。結果發現，約有兩成至四成的受試者受到周圍的影響，最終選擇了錯誤的答案。這表示，有不少人會因為「缺乏提出不同意見的自信」，以及「不讓自己太突出」，而努力配合大家。

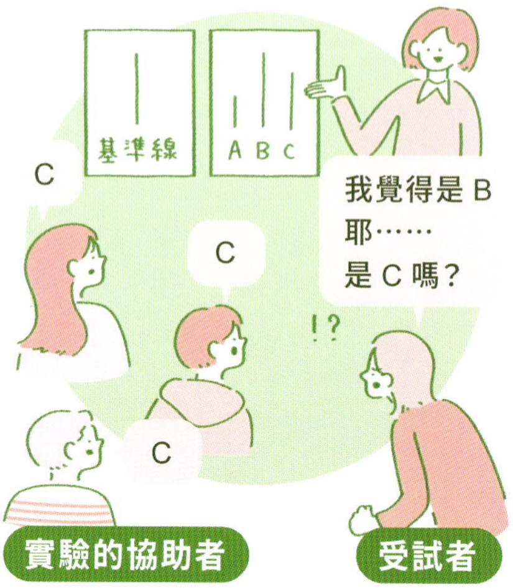
與基準線長度
相同的線是？
基準線
A B C
C
C
C
我覺得是 B
耶……
是 C 嗎？
!?
實驗的協助者
受試者

大人也會受從眾壓力之苦

大家都還在工作，不敢先回家

有些人明明已經做完工作了，卻只因為大家都還在加班，就感覺自己好像還不能下班。因為害怕被人家說「竟然自己一個人先溜，太狡猾了吧」。這樣一來，就會形成誰都不能早回家的職場氣氛。

自己一個人先走，好
像不太好意思……
先做一下明天的工作
好了……
（雖然很想回家）

推動多元性，讓世界更美好

你應該聽過「推動多元性（Diversity）」這個詞吧。簡單來說，「多元性」就是指「擁有不同特徵和特性的人，互相尊重彼此，共同存在」。

提到特徵或特性，最容易理解的例子就是性別、年齡、國籍、種族，以及是否有身心障礙等。據說不同的人只要互相交流，融合彼此的想法和文化，就會產生革新的事物（創新）。例如，現在車站設置電梯和斜坡已經是理所當然的事，這就是尊重使用輪椅及推嬰兒車的人的意見，為了讓每個人都能舒適生活，而改變社會的結果。

此外，現在被視為是日式料理的壽喜燒和炸豬排等肉類料理，也是國外的肉食文化與日本文化融合的產物。可見**只要推動多元性，就可以讓世界變得更溫暖、更有趣。**

什麼是神經多樣性？

神經多樣性（Neurodiversity）這個專業用詞是由「Neuro」（腦・神經）與「Diversity」（多元性）組合而成，指的是將人類大腦和神經系統的各種獨特運作方式，視為一種自然且應受尊重的多樣性。

例如閱讀文字有困難的LD（學習障礙），或不擅長解讀他人想法、表達自己感受的ASD（自閉症類群障礙），都是因為大腦和神經的運作模式不同而產生的差異。神經多樣性的核心理念，就是鼓勵我們將這些特質上的差異，視為多元性的一部分，並給予尊重。

基於這份理解與尊重，社會正積極推動一項運動：不排斥這些具有神經特質差異的人，而是努力創造一個讓他們也能充分發揮所長的包容環境。

推動多元性帶來的良好變化例子

這家積極聘用外國人的公司，在商品開發上也開始留意海外市場，讓自家產品在國外大受歡迎。

有育兒經驗的人成為主管之後，公司內部將加班視為理所當然的風氣出現了變化，大家開始安排時間照顧孩子和做家務。

由於使用輪椅和推嬰兒車的人很難上下樓梯，所以設置了斜坡。因為年紀大而覺得上樓梯很累的人，也一併得到了幫助。

推動多元性要有決心

那麼，讓我們重新審視一下自己所在的團體，例如學校的班級吧。乍看之下，大家可能都很相似。但即使同樣都是十五歲、同樣都是女生（或者男生），也會因為喜歡與不喜歡、擅長與不擅長的事情等，而有所不同。

我不太會跟別人聊天……
我最喜歡跟大家一起打打鬧鬧！
我會對小麥過敏，所以不能吃麵包……
我其實喜歡男生。
我的興趣是鐵路，非常喜歡看時刻表。
我家沒有爸爸。

外表相似也有多元性

人類本來就相當多元，但是聚集在一起的時候卻會產生從眾壓力，使得多元性無法真正展現出來。若要承認彼此的差異，我們的想法就必須有所改變。

加上每個人的成長環境都不一樣，因此想法和價值觀當然也會隨之改變。**即使在特徵上沒有明顯的差異，多元性依舊存在。**

人們會因為有著相似價值觀的人在身旁而感到安心，更容易與彼此親近，還會因為不想被排擠而隱藏自己的真心，假裝「我也一樣」，或是對那些格格不入的人說「這樣會很奇怪」，試圖將他們拉回正軌。

但是，這樣就會產生從眾壓力。

從眾壓力是多元性最大的敵人。如果不注意，本來應該存在的多元性很快就會消失。若要推動多元性，我們每個人都必須學會不屈服於從眾壓力，並且在尊重彼此差異的基礎上好好共存。

那麼，尊重差異並且共存是什麼意思呢？**就是接受那些偏離個人正解、與自己的價值觀不符，或是無法理解的事物，**

並且承認「原來也有這樣的人啊」。對於令人不愉快或覺得麻煩的事，彼此之間應該也要互相讓步或稍微忍耐。單從好的方面來看，推動多元性固然很棒，但我們要知道，若想真正實踐，大家勢必要有決心和覺悟。

停止非黑即白的想法，保持開放的心胸

我們從小就開始學習如何解決問題、尋找正確答案。決定事情時，通常會採用多數決，以明確分出意見的勝敗。這種將「正確」或「不正確」、「勝利」或「失敗」分得一清二楚的思考方式，稱為「黑白思考」。

人一旦被灌輸非黑即白的思考模式，就會輕易地對他人做出判斷和批評，例如「那個人比這個人更優秀」、「那個人沒有我努力」等等。這樣的態度，會讓團隊裡的成員感到窒息。

此外，批評他人有時也會讓自己感到痛苦。例如，平常若老是對沒有工作的人貼上「無用的人」這張標籤，當自己因為受傷而無法工作時，曾經說過的這些話就會深深刺痛內心，讓自己在精神上感到沮喪。

與黑白思考相反的立場是心胸開放。心胸開放是指認同與自己不一樣的想法，也就是接受別人的意見，並且認為其他人也有可能是對的，因為自己也有可能是錯的，所以不排斥改變立場。

在這個世界上，有很多問題會因為人們的意見不同而產生差異，所以大多數的事情

都沒有唯一正確的答案。有些人應該會選擇既不是白也不是黑的灰色答案。如果大家都能抱持著開放的心態，體認到「我們雖不完美，但都有正確的一面」，那麼一定能繼續向前推進多元性。

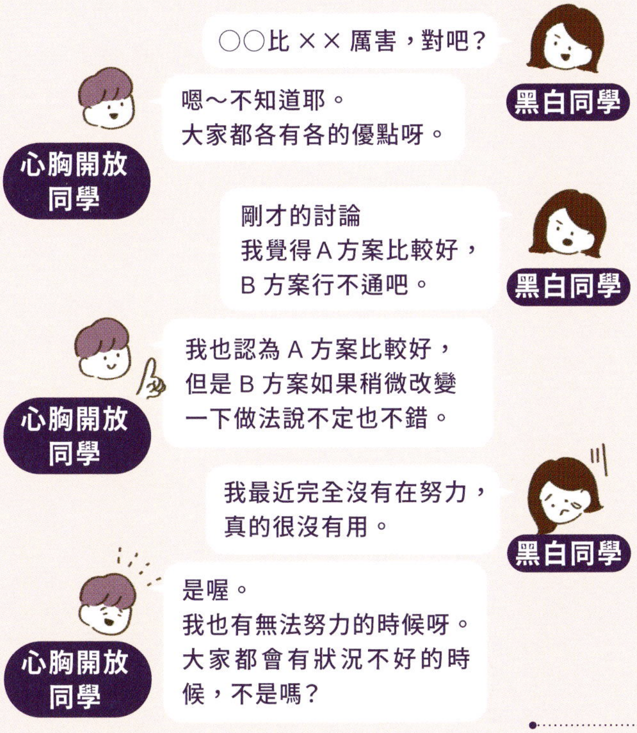
黑白同學
○○比 ×× 厲害，對吧？
心胸開放同學
嗯～不知道耶。大家都各有各的優點呀。
黑白同學
剛才的討論我覺得 A 方案比較好，B 方案行不通吧。
心胸開放同學
我也認為 A 方案比較好，但是 B 方案如果稍微改變一下做法說不定也不錯。
黑白同學
我最近完全沒有在努力，真的很沒有用。
心胸開放同學
是喔。我也有無法努力的時候呀。大家都會有狀況不好的時候，不是嗎？

比起非黑即白，不如保持開放思考

黑白思考通常會斷然地分辨好壞，所以非常容易變得具有攻擊性和批判性。當這把刀的刀刃朝向自己時，內心就會感到痛苦。而心胸開放則並不會放棄各種可能性，是一種讓人感受體貼及溫柔的思考方式。

「算了啦」、「就這樣吧」的寬容態度讓社會更輕鬆自在

「對學長姐說話有禮貌很正常啊」、「大家都要好好做，不可以耍心機喔」。認真或是努力的人，通常會用「這很正常」或「要好好做」這樣的表達方式。但是，這些詞彙也

是硬將自己的想法或標準強加於他人身上，並且責備那些不符合的人。

對人嚴苛、缺乏包容力的社會，往往會要求人們聽從「這很正常」和「要好好做」。一個講求「這很正常」、「要好好做」的社會，做事通常有條有理，應該不太會讓人感到困擾。但是，因為達不到標準而被責備，或因此煩惱的人也會增加，所以並不能算是一個認同多元性的社會。

促進多元性的心態，是「算了啦」、「就這樣吧」。「那個女生對學長姐太隨便，讓人有點在意，不過算了，就這樣吧」、「只有我準時交，有點不服氣，不過算了，就這樣吧」。基本上對他人的言行舉止寬容以待，而那些自己無法視而不見的事，則用自我肯定型（第2集73頁）的方式傳達的話，是不是會比較好呢？

一個以「算了啦」、「就這樣吧」為基本原則，來接納多元性的社會，有時或許會因為不是那麼嚴謹，而帶來一些麻煩。但是，這樣說不定可以讓每個人生活更加放鬆，幸福感也跟著提升。

既然如此，你覺得哪種社會比較好呢？

享受差異，拓展無限可能性

有些人喜歡分享他們出國時，發現平常那些習以為常的事情其實行不通的有趣經歷。這就是在享受差異。但即使在國內，我們每個人本來就是不同的個體，在不同的家庭環境中成長，有著不同的經歷，價值觀也不同。

所以，平常若能抱持「大家都是不同國家的

「算了啦」、「就這樣吧」勝於「這很正常」和「要好好做」

是……
要好好做，
這很正常！
好！
雖然跟大家不一樣，不過
這麼做應該沒關係啦！

一個互相用「這很正常」和「要好好做」之類的話來要求對方、監控彼此的社會，稱不上是一個寬容的社會。若能允許大家偏離標準，就能變成一個更加輕鬆的社會。

學會接受別人的幫助吧！

「不可以給別人添麻煩。」這句話讓許多人感到痛苦，若是無限上綱，更恐怕會將孩子、長者，及身心障礙者等弱勢群體逼入絕境。人本來就無法獨自生存，如果我們能這麼想，說不定就能對他人更親切，不是嗎？

對不起……
沒關係啦，
就讓她
哭個夠吧。
不用太過在
意喔。

人」這種想法，非但不會過於要求一致，反而還能享受當中的差異，不是嗎？若是覺得**遇到想法或行動和自己不同的人很「有趣！」**，那就試著聽聽對方說的話。這樣不僅可以更新自己的常識，還能學到讓心情更加輕鬆的全新觀點。**只要接觸多樣的價值觀，就能解開束縛自己的鎖鏈，讓自己慢慢改變。**而且**與價值觀及優點不同的夥伴一起行動時，自己人生的可能性也會不斷地拓展下去。**只要懂得了解、享受差異，相信人生一定會變得充實豐富。

好有趣喔！
和我不一樣。
經歷過的事
喜歡的事
重視的事
討厭的事
etc…
可以參考、學習的地方，就試著採納吧！
在享受與他人的差異、珍惜自我的同時，也不要害怕改變自己。

總結

- 從眾壓力是多元性最大的敵人。因此，推進多元性需要勇氣和決心。
- 不強加自己的常識，不害怕變化的態度很重要。

「差異」才是人的魅力

或許你曾因為自己與眾不同感到在意，甚至因為境遇和大家不一樣而痛苦。但是，我們的獨特魅力，正是這些不同之處造就的。因為經歷過那些痛苦的感受和經驗，我們才能更懂得體恤他人，甚至擁有改變社會的力量。相反地，出了社會之後，人們就會很難再覺得「和他人相同」有價值。每個人都會面對「什麼是自我本色」的時期。既然如此，你和其他人的差異又是在哪呢？

6-5 做自己並與他人連結

尊重自己也尊重他人的溝通方式

嘿！
早啊！
我們每天都會與人聯繫。
早安～
真早啊！
有時會與人發生衝突，有時也會煩惱。
好啦好啦
你看清楚好不好
囉唆啦
但是我們也能從與人的聯繫中獲得喜悅。
耶～
每個人的價值觀都不同。
要多替別人著想，也要珍惜自己。
來吧，今天也讓我們展開一場令人心情舒暢的溝通吧！

到目前為止，我們學到了許多有關溝通的知識。
接下來，就一起來看看如何將這些學到的溝通技巧應用在日常生活中。
希望大家都能以最真實的一面與人連結！

良好溝通讓日子更加燦爛

讓我們來模擬一下你的一天，看看你和身邊的人會有什麼樣的言行舉止吧！

——今天早上，你和媽媽因為升學問題起了爭執。媽媽堅持考升學率高的高中比較好，但你卻說：「我想念的是程式設計，所以想考可以鑽研這個領域的〇〇高職。」媽媽聽了顯得不太高興，氣氛也變得尷尬。你也悶悶不樂地吃完早餐，默默地出了門。

上學途中，你遇到了好友A。你興奮地問：「昨天那個搞笑節目超好笑的，對吧？」但A卻心事重重的樣子，只回了一聲：「嗯……」你心想「他是不是發生了什麼事？」卻沒有多問，就和A一起去學校了。

有好好用「我訊息」來傳達嗎？

你有用「我訊息」來表達，而不是像在指責媽媽的「你訊息」，例如「為什麼要我讀那間我不想去的學校」。雖然媽媽看起來不太高興，但是「我訊息」顯然已經傳達到位。

那是我的問題嗎？還是對方的？

朋友A沒有精神是他自己的問題。與其死纏爛打地追問「為什麼？」「發生了什麼事？」表達出擔心的態度應該就可以了。

走進教室，上課前正好是班會時間。班級幹部B走到前面，準備和大家討論這次合唱比賽要唱什麼歌。當領導型的C一說「我想唱●●！」周圍的人也跟著附和「那就這首吧！」雖然沒有人提出其他候選歌曲，不過班級幹部B卻說：**「大家把想唱的歌曲寫在紙上，星期五之前交給我。」**班上的同學似乎對B的提議感到欣慰。

每個人都有關心到嗎？

班級幹部B並沒有被在班上有影響力的C所提出的意見牽著走。為了聽到每個人的意見，他請大家把想法寫在紙上並交出來。這是B想到的好主意，因為這樣就能顧及到不敢在大家面前表達意見的人了。

下課後，你參加了田徑社的練習。這次比賽雖然是接力賽，但你因為不擅長在不減速的情況下交棒，內心感到相當困擾。看到你如此苦惱，隊長D說：**「跑的速度稍微放慢一些沒關係，確實把棒子交給下一個跑者就好了。」**

你身在讓你感到安心的地方嗎？

D並沒有因為你傳棒技巧不佳而生氣，反而還在你能力所及的範圍內給予指導。有這樣的同伴在社團，你應該就能夠安心地專注在練習上。

社團結束後，正準備回家時，碰巧遇到了早上一起上課的A，但他還是一樣沒有精神。走了一會兒之後，他才開口說：「其實我遇到了一件有點頭疼的事……」A似乎是因為指導老師太嚴格，而想要退出社團。**你一邊說「原來是這樣啊」，一邊仔細地傾聽A說話。**

有傾聽對方說話嗎？

A對你今天早上「擔心他的樣子」感到安心，覺得「可以放心地和這個人聊聊自己的煩惱」。就算煩惱無法馬上解決，對能說出口的A來說，心情上應該輕鬆了許多。

回到家之後，一聽到媽媽說「你回來了呀」，內心瞬間警鈴大響。媽媽接著說：「後來我想了一下，**覺得你去想去的學校比較好。**」聽到這句話的你，對媽媽說「今天早上對妳發脾氣，對不起」，媽媽也笑著說「我會支持你的」。

了解對方的「我訊息」嗎？

雖然媽媽早上看起來不太高興，但你的「我訊息」似乎有傳達到，而且媽媽也有所回應。有時候煩惱無法在一天內解決，但只要傳達得當，事情應該就會往好的方向發展。

拋開不安，對自己和他人都要有愛

這本書即將進入尾聲。

讓我們一起回顧至今所學習到的內容吧！

在第1章中，我們分享了人際關係中常見的困擾，了解到「人的煩惱大多都是由人際關係造成的」。

第2章，則帶我們認識到自己與他人是不同的個體，並學習如何保持適當距離，以建立良好關係。

進入第3章，我們學會了一對一交流時的表達方式和傾聽技巧。

第4章，則進一步探討了利用同理心的高階溝通方式，掌握了解決問題的方法。

在第5章中，我們認識了具有高度心理安全感的團隊，並深入思考作為領導者應採取的行為。

最後，在第6章，我們傳達了珍惜自己、尊重他人以及享受差異的重要性。

人際關係既是煩惱的根源，也是快樂的來源。將一生奉獻給支援貧困人民並獲得諾貝爾和平獎的德蕾莎修女（Mother Teresa）曾說：

「每一次你對人微笑，都是愛的表現，是給予對方的禮物，一件美好的事。」[2]

在面對他人時，我們是帶著不安，還是帶著愛呢？若是懷抱不安，對方也會感到不安；若是帶著愛，對方也會以愛回應。

為了在與他人相處時，抱持著愛與善意，滿足自我需求同樣重要。

「對自己要展現愛與溫柔，對他人也一樣。」

這是溝通的核心，也是最重要的事情。

如果你讀了這本書，能感受到這些，那將會是一件令人開心的事。

我們是否能過著充滿喜悅、豐富充實的人生，完全取決於我們自己。

最後，讓我們再次引用德蕾莎修女的一句話，為這本書劃下完美句點。

「昨日已經過去，明日尚未到來。我們只有今天。就讓我們立刻開始行動吧！」[3]

註2：Every time you smile at someone, it is an action of love, a gift to that person, a beautiful thing.
註3：Yesterday is gone. Tomorrow has not yet come. We have only today. Let us begin.

我擔心未來 AI 會奪走人類的工作，因此煩惱自己在社會上能找到工作嗎？

告訴我！
煩惱諮詢

#6

你知道認知能力和非認知能力這兩個詞嗎？認知能力是指能夠用測驗來測量的能力，例如記憶力、計算力、智能指數等；而非認知能力則是指動機、堅持力、自信等，算是人類特有的力量。這本書一直探討的溝通能力，就是非認知能力的典型代表。

認知能力方面，AI 和電腦展現出比人類更優越的能力。就這個角度來看，AI 今後確實會取代人類的工作。但非認知能力的部分是 AI 無法替代的。**未來，社會將會更需要具備溝通能力等人性化特質的人。**

除此之外，不斷探索自己喜愛或感興趣的事物也很重要。像是非常喜歡飛機、對機體和飛行理論都瞭若指掌的 A，最喜歡看戲、也會影像剪接的 B，擅長創作故事、也會寫小說的 C，雖然學校無法給予成績評分，但是社會上卻有能夠發揮這些能力的地方。**與其與他人競爭相同的事，不如以自己喜歡的方式學習自己喜歡的事物**，這樣我們才能散發出獨特的光芒。

如果 A、B 和 C 能夠發揮他們的溝通能力，串連起來，說不定還能創作出一則讓人感動的航空公司廣告呢。

磨練人性與獨特的自我。

與擁有出色優點的同伴連結，透過溝通建立關係。

就讓我們試著把這些放在心上，好好地度過每一天吧！

大人也不知道！？重要的事情

#6 讓人幸福的不是金錢，而是人際關係

哈佛大學的羅伯特 · 沃爾丁格（Robert Waldinger）教授，長年以來一直在研究「是什麼讓人們擁有幸福健康的生活」。他從許多人十幾歲的時候就一直追蹤到老年，每年持續進行問卷調查，試圖探索維持幸福和健康究竟需要什麼。

這項歷時八十四年，追蹤兩千多名成人生活、堪稱史上最長的研究，結果顯示：「維繫我們的健康與幸福的，是良好的人際關係。」

讓我們健康快樂的，不是賺很多錢或獲得名聲，而是與人建立連結。

研究顯示，無論年齡如何，只要與他人的連結越多，死亡風險就會越低。而隨著受試者年齡的增長，越是懂得建立更幸福的人際關係的人，就越容易克服疾病和身體疼痛。

不僅如此，這份研究還顯示孤獨是有害的。對高齡者來說，孤獨感對健康的危害是肥胖的 2 倍，而慢性孤獨感每年還會使死亡率提高 26%。

我們生活的社會已經系統化了，即使不直接與人接觸也能成立。有很多人會因為沒有煩人的人際關係而感到高興。但有研究結果顯示，使人幸福健康的因素之一是人際關係，這是值得了解的。希望這個知識在你的人生中能夠派上用場。

索引

在長大路上，真正理解自己與他人

第 3 集：打造自己的共好團隊——幸福是與同伴一起變厲害!

監　　修 | 齊藤徹 Saito Tooru
譯　　者 | 何姵儀 Peiyi Ho

責任編輯 | 杜芳琪 Sana Tu
　　　　　楊玲宜 Erin Yang
責任行銷 | 朱韻淑 Vina Ju
封面裝幀 | 李涵硯 Han Yen Li
版面構成 | 譚思敏 Emma Tan

發 行 人 | 林隆奮 Frank Lin
社　　長 | 蘇國林 Green Su

總 編 輯 | 葉怡慧 Carol Yeh
日文主編 | 許世璇 Kylie Hsu
行銷經理 | 朱韻淑 Vina Ju
業務處長 | 吳宗庭 Tim Wu
業務主任 | 鍾依娟 Irina Chung
　　　　　林裴瑤 Sandy Lin
業務秘書 | 陳曉琪 Angel Chen
　　　　　莊皓雯 Gia Chuang

發行公司 | 悅知文化 精誠資訊股份有限公司
地　　址 | 105 台北市松山區復興北路 99 號 12 樓
專　　線 | (02) 2719-8811
傳　　真 | (02) 2719-7980
悅知網址 | http://www.delightpress.com.tw
客服信箱 | cs@delightpress.com.tw
I S B N | 978-626-7721-19-3
初版一刷 | 2025 年 09 月
建議售價 | 新台幣 350 元

本書若有缺頁、破損或裝訂錯誤，請寄回更換
Printed in Taiwan

國家圖書館出版品預行編目 (CIP) 資料

在長大路上，真正理解自己與他人 .3, 打造自己的共好團隊 , 幸福是與同伴一起變厲害! / 齊藤徹監修 ; 何姵儀譯 . -- 初版 . -- 臺北市 : 悅知文化精誠資訊股份有限公司 , 2025.09

面； 公分

ISBN 978-626-7721-19-3 (平裝)

1.CST: 人際關係 2.CST: 社會心理學 3.CST: 青少年教育 4.CST: 通俗作品

541.76　　114008183

漫　　畫 | AiLeeN
內文插畫 | 前田真由美（株式会社 hint）
　　　　　渡辺奈緒（株式会社 hint）

10dai no Tameno Issyou Yakudatsu communication
3 Suteki na Team no Tsukurikata © Gakken
First published in Japan 2024 by Gakken Inc., Tokyo
Traditional Chinese translation rights arranged with Gakken Inc.
through Future View Technology Ltd.